筋力&体力が低下しても
250ヤード以上飛ばせる

飛距離UP術

著者 杉村良一

日本文芸社

小柄で運動音痴でも250ヤード飛ばすことはできる！

スポーツで人に勝ったことは一度もない

身長167センチ、体重53キロ。歳は還暦間近。こんな私が250ヤードオーバーのショットを打つのを見て、生徒さんからはいつもこう言われます。

「スギプロ（私のことです）は、小柄なのにボールが飛びますよね。よほど運動神経がいいんでしょうね」

しかし、それはとんでもない勘違いです。

実は私、根っからの虚弱体質＆運動音痴でした。小学校のころ、駆けっこはいつもビリ。マラソンをすれば途中で気分が悪くなり、リタイアして病院に運ばれる始末。プールでも泳ぐどころか、浮いているのが精一杯。球技に関しても、野球をやれば三振ばかりで、ドッジボールでは顔面でボールを受けるなど、スポーツで人に勝ったと思ったことは一度もなく、颯爽《さっそう》と躍動する友人を羨《うらや》むだけの少年でした。

中学に入ってからも、その運動音痴ぶりは一向に止みませんでした。

あるとき、クラス対抗のサッカーの試合があったのですが、サッカーに関しては他のスポーツに比べて自信があったにもかかわらず、Aチームはもちろん、Bチームにも入れてもらえず。クラス24人中、出場できなかったたった2人のうちの1人が私でした。さすがにこのときは悔しくて、夜も寝られなかったことを覚えています。

そんな中、私がゴルフを始めたのは、中学生のころ。ゴルフ初心者だった父が初めて打ちっ放しに行くときにお供をしたのが、私のゴルフ人生の始まりです。

INTRODUCTIO

一度は断念したプロの道
37歳で再挑戦

　ゴルフだけは、走ったり飛んだりという能力を求められなかったのが良かったのか、何となくハマってしまい、高校生のときにはジュニアの試合に出場。ただ、胸を張ってお伝えするような成績を挙げたことは一度もありませんでした。

　高校卒業後、一度は普通に就職したのですが、父の勧めもあって半ば強制的に研修生に。そこから5年ほどゴルフ漬けの毎日を送り、プロを目指したのですが、一心不乱さが足りず25歳で断念。それから12年間は、サラリーマンや料理人見習い、バーテンダー、清掃業、アパレル販売店員、青果市場勤務、自営業など職を転々。歯科技工士を目指して学校に通った時期もありました。その間、全くクラブを握らず、ゴルフに関するテレビや雑誌なども見ることはありませんでした。

　しかしながら、やはりゴルフのことが忘れられず、商売にも行き詰まっていたので、そのときに営んでいた店を畳んでゴルフ場に就職したのが37歳のとき。ここで人生が変わりました。ある日お客さんにラウンドに誘われてプレーをしたら、何とスコアは69。一緒に回った人から、「もう一度プロを目指したら」とほだされたのです。

　体力、運動神経がないだけでなく、病弱でケガも多かった（※別表「病歴」参照）ので、無謀だとは分かっていたのですが、「最後のチャンスかも…」と、ついつい再度プロゴルファーを目指してしまったのです。

　しかし、一度失敗した、しかもアラフォーのへなちょこゴルファーが、いくら頑張ったからといって厳しい戦いを乗り切れるはずもなく、いつの間にか4年が経過。そんなとき、友人である玉置美秀プロ（下関ゴルフセンター代表）からＰＧＡティーチングプロの資格があることを聞き、方向転換をしました。

アマチュアに最も近い
プロゴルファー

　2年後、ＰＧＡ会員であるティーチングプロの資格を取得。波瀾万丈、紆余曲折がありましたが、今はこうしてプロを名乗り、ゴルフが上手くなりたいという皆さんのお手伝いをさせていただいています。

　私の強みは、冒頭にもお話ししたように、体力も運動神経も健康状態

これがスギプロです！

身長
167cm

体重
53kg

病歴（ケガを含む）

- 高校時代に部活動で初出場したサッカーの試合で下顎（カガク）を複雑骨折し、手術（2回）。3ヵ月入院
- 27歳 30歳 33歳のときに肺気胸の手術を受ける。現在でも肺には縫合したときの金属製のチェーンとクリップが残っている
- 49歳のときにスノーボードで転倒し、左鎖骨の複雑骨折で手術。身体にプレートが入ったまま
- 52歳のときに胆のうの全摘手術を受ける

も人並み以下だということ。こんなことを言っては失礼かもしれませんが、そういう意味では、アマチュアゴルファーに最も近いプロだと思っています。

私がこれまでやってきたように、工夫と研究と夢中になる気持ちがあれば、ゴルフは誰でも上手くなれるスポーツです。

そのヒントをこの本に詰め込みました。ぜひ皆さんの上達にお役立てください。

PGAティーチングプロ
杉村良一

筋力&体力が低下しても
250ヤード以上飛ばせる

飛距離UP術

CONTENTS

PART 2 SS打法

効率的なスイングを習得！

PART 3

アイアン&FW

飛距離低下と精度不足を解消する！

PART 1

驚くほど変わる！
飛ばしの必勝法

QUESTION ?

ゴルフの悩み①

飛距離

60代
男性

シニアになって
飛距離が落ちた。
どうにか
なりませんか!!

40代
女性

いくら練習しても
思ったように
飛びません！

年齢を重ねていても、また、身体能力が高くなくても飛距離を諦めることはない。ただ、やる気だけでは飛距離が伸びないことを知っておこう

20代 男性
ビギナーですが
運動が苦手で、
ドライバーも
飛びません！
30代 女性
身体が小さく
非力です。飛距離を
伸ばす方法を
教えてください
30代 男性
クラブを全力で
振っても
飛びません！

意気込みだけでは飛ばない

私が運動音痴であること、また、身体に様々な故障を抱えていることは分かっていただけたと思います。それでも、「ゴルフが上手くなりたい」「飛距離を伸ばしたい」という一心で練習に励んできました。

その努力（？）の甲斐あって、250ヤード越えを実現したのですから、老若男女、運動能力に関係なく、誰でも飛ばすことができると思っています。

とはいえ、ゴルフは物理です。やる気や意気込みだけでは、飛距離が伸びません。では、どうすればいいのか。次ページからは、そのヒントを紹介します。

???

HINT

解決のヒント

飛ばしを科学的に考えれば大きな飛びが実現する

飛距離を伸ばす3つの要素

1. ヘッドスピードを上げる
2. ミート率を上げる
3. ボールの回転を良くする

飛距離アップの3つの要素とは

意気込みだけで飛距離アップができないのなら、実際にどうすればいいのか。それは、飛ばしのメカニズムを科学的に考えることです。少し小難しいことを言いましたが、要は、飛ばしの要素を一つずつ伸ばしていけばいいのです。

その要素とは、「ヘッドスピードを上げる」「ミート率を上げる」「ボールの回転を良くする」の3つです。最終的にはこの3つのレベルアップを図ればいいわけで、一つずつコツコツと伸ばしていくのでも構いません。

次のページからは、3つの要素を伸ばすための考え方、練習方法を紹介しましょう。

漠然と飛距離を伸ばそうと考えても、結果に結びつかない。3つのポイントを意識して、それぞれのレベルアップを図ることが大事だ

METHOD

解決方法
01

グリップエンドを引っ張りヘッドの動きを最大限にする

インパク付近から
左脇腹に向かって
引っ張り上げる

ヘッドがインパクトゾーンに入ってきたら、身体を中心に左斜め上に引っ張り上げる

身体を中心に引っ張り上げる

ヘッドスピードを上げるためには、ダウンスイングからフォロースルーにかけて、グリップエンドを引っ張り続ける動きが必要です。特にダウンスイングで、グリップが腰の辺りまで下りて来てからは、身体を中心にして斜めに引っ張る動きが必要となります。

そしてインパクト付近からは、左脇の方に向かって引っ張り上げる。そうすればヘッドは最大限に加速します。

グリップエンドを引っ張る動き

ダウンでは
グリップエンドを
先行させる

切り返しからはクラブを振るというよりは、グリップエンドを引っ張る意識で

CHECK! 釣り糸を遠くに投げるイメージ

釣り糸を遠くに投げるときに必要な"引っ張る動き"があれば、ヘッドは勝手に戻ってくる

CHECK! ロープを回すイメージでスイングする

支点を動かさないようにロープを回せば遠心力が大きくなる。スイングでもこのイメージが大事

METHOD

解決方法 02

遠心力を大きくするためフォローで左腕を伸ばす

しっかり左腕を伸ばすように

フォローで左腕を伸ばすことによって遠心力も大きくなりヘッドスピードもアップする

スイングのリードは左腕

スイングは手元を支点とした回転運動ですが、その動きを起こすには、左腕でクラブを引っ張り、さらに左腕を伸ばして振ることが大事です。このとき、右手の〝押す動き〟が入ってくると、インパクト前に手首が解け、回転運動にならず、遠心力も働きません。

だから、右腕を押す意識を消して、左腕を思い切り伸ばす。飛ばしは、スイング中の左腕の動きにかかっているのです。

左腕でリードする

ハーフウェイダウンまでは左腕で引っ張りながらクラブを動かしてくる

NG

押す動きではヘッドスピードが出せない

右手で押す動きをすると手首が早く解け、 ヘッドで円を描けなくなる。 その結果、 ヘッドスピードが落ちるだけでなく、 ミート率も落ちる

METHOD

解決方法 03

ボールがつかまるドローボールを打つ

トゥ寄りでヒットするとつかまる

ヒットポイントを真芯から1〜2ミリトゥ寄りにずらすだけで、つかまったドローボールになる。最も簡単なドローボールを打つ方法

ドローを打てばランも増える

飛距離を伸ばすためには、低い弾道でランも出る、ドローボールを打つことが大事です。

方法は2つ。1つは、インサイドからアタックする方法。身体のラインを右に向け、フェースはまっすぐに向けて、身体に沿ってクラブを振ればドローが打てます。

もう1つは、真芯より数ミリ、トゥ寄りに当てること。そのために、少しハンドアップ気味に構えるといいでしょう。

インサイドからアタックする

肩、腰、ヒザのラインを右に向け、フェース面だけを真っすぐ向ければドローが打てる

右を向き
身体に沿って
クラブを振る

CHECK!

ヒットポイントは構えで調整

当てる場所は構えで変えられる。トゥ寄りに当てたいときは、ハンドアップで構え、ヒール寄りに当てたいときはハンドダウンで構えよう

METHOD

解決方法 04

身体の動きを最大効率化させ全身の力をボールに伝える

最後まで身体を大きく回すことを意識

インパクト付近では左お尻を後ろに引いて腰を回転させ、フォローでは上体を大きく回す

積極的に足腰を使う

筋力がないと大きな飛びは実現しない。そう考えている人も多いはず。確かに、筋力はあった方がいいのですが、筋力がないと飛ばないかというと、そうでもありません。現に私は、人並みに飛ばしているわけですから。

筋力がなくても、ボールに伝わるエネルギーが最大になるように身体を使えば、ボールは飛びます。まずは、全身を使って振るということを意識してみてください。

全身の力をボールにぶつける

バックスイング〜トップでは身体を伸ばし、その反動を利用してダウンでは沈み込む

小さいスイングは飛ばないし曲がる

上手く当てようとすると、どうしてもスイングがコンパクトになるが、小さいスイングだと飛距離は出ないし、軌道も安定しない

METHOD

解決方法
05

ヘッドスピードを上げるには手首の動きも重要なポイント

手元を支点に回転運動をさせる

ロープを回すのと同様、右手を支点にクラブを回転運動させるのが正しい動き。スイング中もこのイメージがあれば、クラブは軌道から外れない

手首を柔らかく使う

15ページで、遠心力でロープをクルクル回す動きがスイングの基本だとお伝えしましたが、クラブを持ったときも支点は動かさず、クラブを回す動きが必要です。このような動きをすることによってクラブは回転し、遠心力が大きくなってスピードが増すからです。

円運動を体感するのに有効なのが、スプリットハンドでの素振り。この素振りで、ヘッドを走らせる動きを覚えましょう。

右手で押す動きが軌道を狂わせる

ダウンスイング〜インパクトで、右手で押したり、ボールに合わせる動きが少しでも入ると軌道は狂う。スイングで押す動きは必要ない

CHECK!

スプリットハンドで円運動をマスター

両手を離して持つスプリットハンド。この形で素振りをすれば、円運動がやりやすくなり、ヘッドターンの動きも覚えられる

ビュン!!
振り切ると当たらないような気がする人もいるようだが、しっかり振り切った方が、ミート率はアップする
しっかり振り切ることだけを考えよう

METHOD

解決方法 06

スイングを緩めることなく振り切る勇気を持つ

思い切り振った方が当たる

アマチュアゴルファーに「思い切り振りましょう」といっても、なかなか振り切れる人はいません。ダウンスイングでは頑張っていても、力を入れているのはインパクトまで。「当てたい」という気持ちが強いせいか、そのあとの動きが緩んでしまいます。

飛ばすためだけではなく、軌道を安定させるためにも、思い切り振ることが大事。フィニッシュまでしっかり振り切りましょう。

フィニッシュまで振り切る

NG

ダウンだけ頑張っても飛ばない

アマチュアゴルファーの中には、「打ったら終わり」の人が多いが、これではヘッドスピードも出ない。プロでこのようなフィニッシュの人は皆無

QUESTION

?

ゴルフの悩み②

身体操作

60代
男性
昔みたいに
身体が回らず
飛距離が落ちて
困っています！
30代
男性
身体が硬くて
上手く回転
できません！

身体が柔らかくないと飛距離も出ないし、ゴルフも上手くならないと思っている人が多いようだが、硬くても平気。諦める必要は“全く”ない

20代
男性
身体の使い方が
イマイチ分かりません！

30代
女性
手打ちのクセが
抜けません！

身体が硬い？ それがどうした

ゴルファーの中には、「身体が硬いから」「腰が回らないから」という理由で、「飛ばすのは無理」と諦めている人も多いようです。

そんな人に朗報です（？）。実は私、驚くほど身体が硬いのです。どれだけ身体が硬いかを語り始めたら、ここでは収まらないくらい。

例えば、「あぐらをかくと後ろに倒れてしまう」「和式トイレで用を足せない」「背中で両手をつなげられない」などなど。トレーナーさんにも、「よくこの硬さでスイングできますね」とあきれられたほど。大丈夫です。あなたも諦める必要はありません。

HINT

解決のヒント

柔軟性がなくても腰を回す工夫はできる！

身体を使ったスイングの3要素

1. 身体の反動を使う
2. 身体のバランスを取る
3. 地面反力を使う

柔軟性よりも大事なものとは

身体の柔軟性というのは大事だと思います。柔らかい方が力は出しやすいし、故障にも強くなります。しかし、身体が硬くても、パフォーマンスを上げることは不可能ではありません。

そのためのポイントは3つあります。「身体の反動を使う」「身体のバランスを取る」「地面反力を使う」ことです。

これらを活用することは、テクニックの一つだと思ってください。逆に世の中には、身体能力が高くても、3つのポイントを使い切れていない人がたくさんいるのです。

自分の身体の硬さを嘆《なげ》く前に、まずはこれらを上手く使う術をマスターしましょう。

身体が硬くても大丈夫。身体の反動を使い、重心をキープしてバランスを保ち、地面反力を上手く使えば、柔軟性の高い人よりも飛ばせる

METHOD

解決方法
01

身体を伸ばして縮める！反動を使ってスイング

反動が大きなエネルギーを生む

最初に大きく伸び上がってから、その反動を使ってしゃがみ、エネルギーをためる

反動は最大限に使おう

「身体の反動を使う」というのは、身体を伸ばしたり、縮めたりすることでエネルギーを生むということ。その反動を体感できるのが、「伸ばす→縮める→ジャンプ→着地」を繰り返すドリルです。この動きなら身体が硬くても、また柔軟性がなくてもでき、大きなエネルギーが生まれます。

スイングでも、このように「伸ばす→縮める」動きを取り入れることが重要なのです。

大きなエネルギーを生む動き

さらに反動を使ってジャンプ。立った状態からジャンプするより大きく飛べるはずだが、この動きがスイングでも必要になる

CHECK!

スイングでも伸び上がって沈み込む

反動を使ったスイング。バックスイングで大きく伸び上がって、ダウンスイングで沈み込むことによって大きなエネルギーが生まれる

METHOD

解決方法 02

重心の動き過ぎを抑え身体のバランスを保つ

重心はできるだけキープ

構えたときからおへその辺りにある重心を意識し、これが前後左右にブレないようにする

前後左右の揺れに注意

反動を使うと身体が大きく動きがちですが、身体の重心（おへその辺り）は前後左右に動かし過ぎないことがポイントです。例えば、バックスイングで伸び上がるときに、上体が反っくり返ったり、ダウンスイングで沈み込むときに上体が前につんのめったりするのは避けなければいけません。

身体は大きく動かすけれど、重心位置はキープすることが大事なのです。

重心が
前に出過ぎ
ないように

特にダウンスイングからフォロースルーでは、前につんのめらないように注意

NG

重心が動くと体勢が崩れる

身体は常にバランスを取ろうとするので、重心が前に出ると上体は反り、後ろにいくと上体がつんのめる。このような動きをできるだけ避けたい

壁を押せば"反力"で身体が動く

壁を押せば身体が離れるが、これが反力。人間はいろんな所で反力を利用している

METHOD

解決方法 03

足を踏み込み伸ばすことで地面からの反力を活用する

地面を蹴れば回転スピードが上がる

しっかり踏み込み、右のツマ先を蹴りながら左のお尻を引けば、地面反力が最大に使える

踏み込んで
伸ばす動きで
力が生まれる

地面反力を使えば鋭く回転できる

そもそも、〝反力〟とは、押したときに受ける力。目の前の壁を押すと、身体が壁から離れますが、これも反力のひとつです。

地面反力というのは地面から受ける反力で、スイングでこの力を最大限に活用するために、ダウンスイングで踏み込み、インパクト付近からフォローにかけて足を伸ばすという動きが必要になってきます。

具体的には、右のツマ先を蹴りながら、左のお尻を引く。この動きで回転スピードが格段にアップします。

QUESTION ?

ゴルフの悩み③

ヘッドスピード

40代
男性

ヘッドスピードが
なかなか上がりません。
コツはありますか？

60代
男性

筋力が低下して
ヘッドスピードが
落ちて困っています！

体力の衰えは誰にでもあるもの。その低下とともに、飛距離は落ちると諦めている人が多いようだが、工夫次第でスピード維持は可能だ

40代女性
シャフトをしならせるイメージがつかめません！

30代女性
スイングでどこで力を入れれば良いか分かりません！

30代男性
ヘッドスピードを上げようとしてOBばかりになってしまいます！

速く振りたいけど身体が…

「飛距離をアップするにはヘッドスピードを上げないといけない」というお話をしましたが、ゴルファーの中には、「ヘッドスピードが年々落ちている」という人も少なくありません。また、必死にヘッドスピードを上げようとして、体力的に無理なスイングをしてしまい、結果的に飛距離が落ちたり、曲がり幅が大きくなったという人も多いようです。

次のページからは、「無理なくヘッドスピードを上げる」ための方法を紹介しましょう。そんなにがんばらなくても、飛距離は伸びるのです。

HINT

解決のヒント

ゴルフに必要な筋力を維持しつつスピードを上げるコツをつかむ

ヘッドスピードを上げるための3要素

1. ゴルフ用の筋トレをする
2. ヘッドの使い方を覚える
3. 身体の動かし方を覚える

気軽にできるスギプロ流筋トレ

体力の衰えは誰にでもあります。実は私も年々、衰えを感じています。その衰えを放っておくのか、それとも少しでも食い止めようとするのかで、衰える速度は変わってきます。

私の場合は、〝体力がない人〟でも、〝トレーニングが嫌いな人〟でも毎日できるゴルフ専用のトレーニングをやっています。皆さんも、そのトレーニングを日々の練習に取り入れてみてください。

また、ヘッドスピードを落とさないためには、ヘッドの使い方とスムーズなスイングを実現する身体の動かし方も重要なポイントになります。ぜひそれらをマスターしてください。

やみくもに筋トレをしたからといってヘッドスピードが上がるとは限らない。ゴルフに必要な筋力さえあれば、あとはテクニックでカバーできる

METHOD

解決方法 01

簡単な筋トレでゴルフに必要な筋力を維持する

チューブトレーニング

引っ張る力を鍛えるメニュー。練習場の柱などにチューブを引っかけ、トップの形から、右ワキ腹が縮むのを意識して下方向に引っ張り下ろす

チューブを腰の高さに引っかけ、横に引っ張る。これも身体を使い、ハーフウェイダウンから引っ張るイメージで

ダンベルトレーニング

左手でダンベルを持ち、上に引き上げながら腰を回転させる。右の腹斜筋と左足のモモを鍛えるメニュー。

壁タッチトレーニング

壁を背にして立ち、身体を反転して両手を壁にタッチ。これを繰り返す。脇腹を鍛えると同時に柔軟性もアップ

フィニッシュまで振ったらすぐに戻して連続で振る。これをやることで自然と筋力が付く

重い棒同様、連続素振り。速く振ることで、高速スイングが脳にインプットされる

重さの違う2本の棒を用意。素振り用の棒がなければ、ドライバーでもOK。重い棒はクラブ2本でも可

重い棒とドライバーを交互に振ろう

重い棒で素振り

素振り用の重めの棒（クラブ2本持ちでも可）で素振り。決して手だけでは振らず、身体全体を使ってスイング

軽いクラブで素振り

ドライバーを逆さまに持って思い切りスイング。軽いからといって手で振らないように

CHECK!

速いスイングを身に付けることも大事

重いものと軽いものを交互に振るのが、このトレーニングのポイント。重い棒で筋力は付くが、それだけだとスイングが遅くなる。軽い棒を振ると、そのスピードが脳にインプットされて、速いヘッドスピードを維持できるというわけだ

立った状態からいったんしゃがみ込み、しゃがんだ状態からジャンプする

ジャンプトレーニング

感覚でスピードを感じるのでもいいが、ヘッドスピードが測れる簡易計測器を使うとより効果的。毎日のヘッドスピードを記録していこう

ジャンプしたあとしゃがみ、再度ジャンプ。連続10回が目安だが、無理をしないように

しゃがみ込んだ
状態から
思い切りジャンプ

毎日最速を目指してスイング

ヘッドスピードを上げたいと思ったら、常に速く振る意識を持つことが大事。毎日の練習で、前日のスピードを超えるようにしよう

METHOD

解決方法 02

ヘッドの回転運動をスイングに落とし込む

クラブの回転を身体の動きに合わせる

手元を手前に
引きながら
回そう

身体の正面で、両手でクラブをクルクル回す。支点を固定してヘッドを動かすイメージで

手元の動きを強く意識

22ページで支点となるグリップを止めて、クラブを回す動きが大事だという話をしましたが、それをスイングに落とし込んでみましょう。

まずは両手でクラブを持って、手元を身体の中心に引きながら、クルクル回す。そしてその動きを意識しながら身体の動きを付けます。もちろん、トップやフィニッシュでは手元は身体の前から離れますが、この支点を止める意識がヘッドスピードアップにつながるのです。

OK スイング中、 手元は身体の正面にキープ

身体の回転が入っても、 手元は身体の正面からズラさないイメージでスイング。 そうすれば、 ヘッドが大きく動いて、 ヘッドスピードもアップする

NG 手元が身体の正面から外れるとヘッドが走らない

身体の動きとともに手元も動くと、 ヘッドが走らない。 ゴルファーの中には、「当てたい」という気持ちが強く、 手元を押し続ける人が多いが、 これはNG

OK 軸をキープしながらスイング

軸が流れるとヘッドが走らなくなるし、軌道もブレる。飛距離出すためには、軸のキープが何よりも大事だと考え、身体が左右に揺れないように注意する

トップで右ヒザの位置が変わらないのが理想

METHOD 解決方法 03

身体が流れないよう軸の回転を意識する

NG テイクバックで流れるとインパクトでも流れる

アマチュアゴルファーによく見られる形。テイクバックで軸が右にスエーしてしまうと、ダウン～インパクトでは左にスエーしてしまい、ヘッドが走らない

テイクバックで左に流れない

軸をズラさないというのもヘッドスピードを上げる重要なポイントです。

ゴルファーの中には、ボールに大きなエネルギーを伝えるために、身体を左右に大きく揺さぶる人がいますが、かえってこれは逆効果。スタンス幅の中で左右に体重移動をした方が、ヘッドは走るし、ボールも飛びます。

特に注意したいのはテイクバック。この時点で軸が右にズレると、インパクト～フォローで左に流れてしまうので注意しましょう。

OK コッキングを強く意識しよう

コッキングを意識していないゴルファーも多いが、強く意識することが大事。テイクバックでコックをしたら、インパクト〜フォローでしっかりリコックする

リコックがヘッドを走らせるポイント！

METHOD

解決方法 04

右のコックと左のリコックを意識する

NG コックを早く解き過ぎない

アマチュアに多いのが、早くコックを解いてしまうアーリーリリース。また、「右サイドのコックが不十分」「左サイドのリコックができていない」ケースも

インパクト後のリコックが大事

正しくコッキングするというのも、スピードを上げるための大事な要素です。

コッキングに関しては、テイクバックでコックをする」という動きはほとんどのゴルファーがやっているのですが、「早めにコックを解いてしまう」「インパクト後、リコックしていない」という人が目立ちます。右サイド（テイクバック）でコックをしたら、左サイド（インパクト～フォロースルー）でリコックするというのが正しい形。このコックを意識してヘッドを走らせましょう。

OK 身体の力を抜いてスイングする

効果的なのは、構えたときから身体の力を抜いておく方法。そうすれば、余計な力が入らなくなります。ただし、フィニッシュまでしっかり振り抜くように

緩めるのはいいが
フィニッシュまで
振り切ろう

METHOD

解決方法 05

上半身が力むとヘッドスピードは上がらない

NG 力でボールは飛ばない

飛ばしたいと思うとついつい力が入るが、これが力みの原因に。どんなに力を入れても、それが飛びにつながることはないということを理解しよう

自分に合う〝力まない〟方法を見つける

「力んではいけない」とよくいわれますが、力むことほどもったいないミスはありません。せっかく正しいスイングが身に付いても、力んでしまうとそのスイングができなくなってしまうからです。

問題は、どうすれば力まなくなるのか。「飛ばそうと思わない」「身体をフニャフニャにして構える」「本番でも練習のつもりで打つ」「結果を気にしない」など、いろいろなやり方がありますが、その中から自分に合う方法を探してみましょう。

OK クラブを身体に巻き付けるように振る

手首を柔らかく使い、 クラブを身体に巻き付けるようなイメージでスイング。そうすればヘッドの可動域が広がり、ヘッドスピードも自然と速くなる

METHOD
解決方法
06

手首を駆使してヘッドの可動域を最大限にする

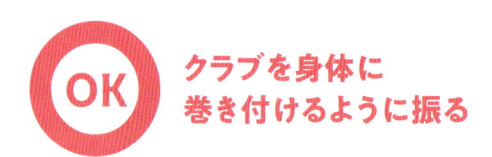

NG 身体が動き過ぎると手首を使えない

腰の回転スピードが遅くても身体を無理に動かそうとしてはダメ。身体を大きく動かすと、動きが安定しないし、手首を柔らかく使えなくなる

手首が動けばヘッドも大きく動く

「身体の回転スピードが遅いからヘッドスピードが上がらない」「パワーがないので大きなエネルギーが生まれない」。そういう悩みを抱えているゴルファーも多いのではないでしょうか。

そういう人は、手首を柔らかく使いながら、ヘッドの可動域を大きくするようにしましょう。グリップを緩めに握り、テイクバックでもフィニッシュでもクラブを身体に巻き付けるように振る。そうすると、身体の回転速度が遅くても、ヘッドは走ります。

METHOD

解決方法

07

トップからの切り返しで手元を真下に引っ張り下ろす

手元を真下に
下ろしてから
身体を回す

ダウンで前傾が深くなれば、振り遅れることなく、ヘッドも走るようになる

振り遅れが防げる

動きとして意識したいのは、ダウンスイングの直後、身体を回そうとするのではなく、手元を真下に下ろすことです。この動きについては、SS打法のところ（80ページ）で詳しく説明しますが、そうすることで自然と前傾が深くなり、振り遅れがなくなるからです。アマチュアゴルファーの多くは、ダウン〜インパクトで起き上がります。そうならないように、手元をボールの方向に向かって下に下ろしましょう。

振り遅れがなくなりヘッドが走る

切り返しでは、ボールの方向に向かって下に下ろすイメージで。そうすることによって前傾が崩れない

NG

身体が起き上がると振り遅れる

切り返しでいきなり身体を回すと、身体が起き上がり、振り遅れてしまう。前傾をキープするためにも、身体を早く回し過ぎてはダメ

Column 1

OBや池があると必ず打ち込んでしまう人のために

頭の中でミスショットを打ってから本番に挑む

ゴルフはイメージのスポーツだといわれています。ショットを打つ前に悪いイメージを持つと必ずといっていいほど上手くいきません。

例えば、コースの右サイドにOBゾーンがあったとします。そのとき、ほとんどのゴルファーは、「右のOBだけは絶対に行かないように打とう」と考えます。しかしこのように、右OBの存在を意識した瞬間、身体は萎縮して動きはぎこちなくなり、心臓の鼓動は速くなります。そして、緊張と恐れを感じた身体から打ち出されたボールは、脳が描いたイメージ通り、見事なくらい右のOBゾーンに消えていきます。まさに、「思考は現実化する！」というやつです。

そうならないためには、どうしたらいいのか？　悪いイメージを持たないようにすればいいのか？　いやいやそんなことは不可能です。

そこで紹介したいのが次の方法です。

まず打つ前に、一度頭の中でOBゾーンに打ち込むショットをイメージしてみます。つまり、一度OBを打ったかのように脳にその映像を刻み込むのです。

イメージの中でOBを打ち終えたら、次に目の前のボールを2球目と考えて（実は1球目ですが）打ちます。そうすると、不思議なことにナイスショットが出るのです。

おそらく皆さんも経験があると思いますが、ミスショットをした後、開き直って打ったボールがナイスショットになるケースは多いもの。それをイメージの中でやってしまったのが、この方法です。

逆転の発想ともいえる方法ですが、私はこれで、「どうしよう？」という数々の場面を乗り越えてきました。ティーショットだけでなく、他のショットでも使えるので、ぜひ試してみてください。

PART 2

効率的なスイングを習得！
SS打法

ング！
SS打法とは？

「いかに効率良く、自らの持っている力を発揮するか？」をテーマに開発したのがSS打法。全てのゴルファーの救世主となるはずだ

SS打法

理論編

効率的スイ
スギプロの

アマチュアゴルファーにオススメする理由

1. 効率良く飛ばせる
2. 過剰な体力作りは無用
3. 身体に負担がかからない

アナタのゴルフを進化させる

「上手くなりたい」「飛ばしたい」という気持ちは誰にでもあるはず。しかし、練習時間が限られているアマチュアが、その願いを叶えるのは難しいことです。また、年齢とともに衰える体力も、上達を阻む大きな要因となっています。

とはいえ、そこで諦めてしまっては、ゴルフそのものが楽しくなくなります。何とかそういう人たちを進化させられないものか。

そこで考案したのが、「SS（スーパーシニア）打法」です。〝シニア〟なんて名前を付けましたが、効率を重視したこのスイング理論は、全ての悩めるゴルファーにマッチするはず。ぜひ皆さんも、マスターしてください。

ハーウフェイダウンからインパクトまでは横に引っ張り、インパクト後は引っ張り上げる
ヘッドが返ったあとクラブを立て、フィニッシュでは手元が顔の左横に来ていればOK

SS打法

理論編

従来のスイングとは力の使い方が違う！

腰の開きが早い分、インパクトでのハンドファーストも少し浅め。球に力強さがなかった
インパクト後、上体が伸び上がり、フィニッシュでも上体が反るような形になっていた

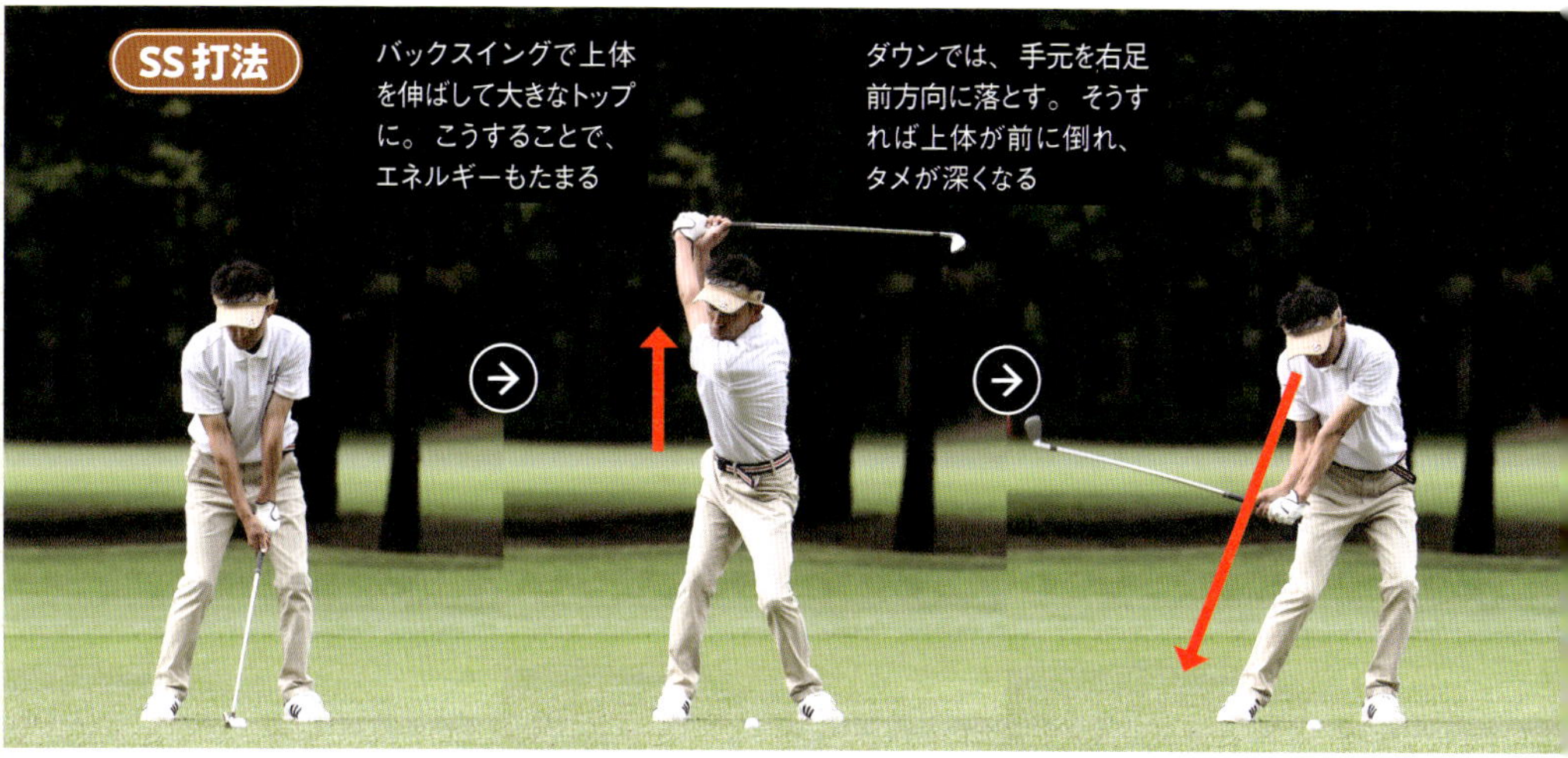
SS打法
バックスイングで上体を伸ばして大きなトップに。こうすることで、エネルギーもたまる
ダウンでは、手元を右足前方向に落とす。そうすれば上体が前に倒れ、タメが深くなる

SS打法のポイントは、右ワキが伸びたトップから、手元を右腰のヨコに落として前傾を深くし、その後、クラブを引っ張り、インパクト後は引っ張り上げる点。この動きで、ボールにぶつけるエネルギーを増大させている

従来のスイング
できるだけ上体が起き上がらないようにバックスイング。トップでも前傾姿勢をキープ
切り返しのあと、グリップを左上方向に押すようにして身体を回転させていた

アドレス

自然体で構えた方がリラックスできる

楽に構えられる姿勢を探す

楽に構えれば身体の力も抜けてくれる

型どおりに構えるのではなく、自然体で構えてOK。その方がいろいろな動きができる

NG お尻を突き出す必要なし

「お尻を突き出すように構えろ」という人もいるが、窮屈さを感じるならやらないように

背中は丸まってもOK

背中は真っ直ぐ伸ばさなくても大丈夫。猫背にならなければ、多少丸まっていてもOK

NG 腰は落とさないように

楽に構えるのはいいが両ヒザを前に出して、腰を落とすのはNG。これでは力が入らない

ガチガチに構えを作る必要なし

アドレスでは、「背中を伸ばせ」「お尻を突き出せ」などといわれますが、体力の衰えとともにその通りにやることが難しくなり、窮屈な構えになってしまいます。

基本的には、自然体（ニュートラル）の構えが理想です。ニュートラルなポジションの方が、色々な動きにも対応しやすくなります。

両ヒザが前に出すぎて腰が落ちるのはNGですが、両ヒザが曲がっていたり、多少背中が丸まっていたりするのはOK。自分なりに楽な構えを見つけましょう。

SS打法

グリップ

一番力が入りやすいグリップを見つける

グリップに正解はなし

握り方はどんな形でも構いません。自分が最も力を入れられる握り方でいいのですが、「インターロッキング」は、手首を使いにくい握り方、「オーバーラッピング」は、右手を使い過ぎる人に有効だということは覚えておきましょう。

また、握る強さですが、私は緊張すると強く握るタイプなので、普段から柔らかく握る練習をしています。これも自分に合った強さを見つけるようにしましょう。

握りやすい方で握る

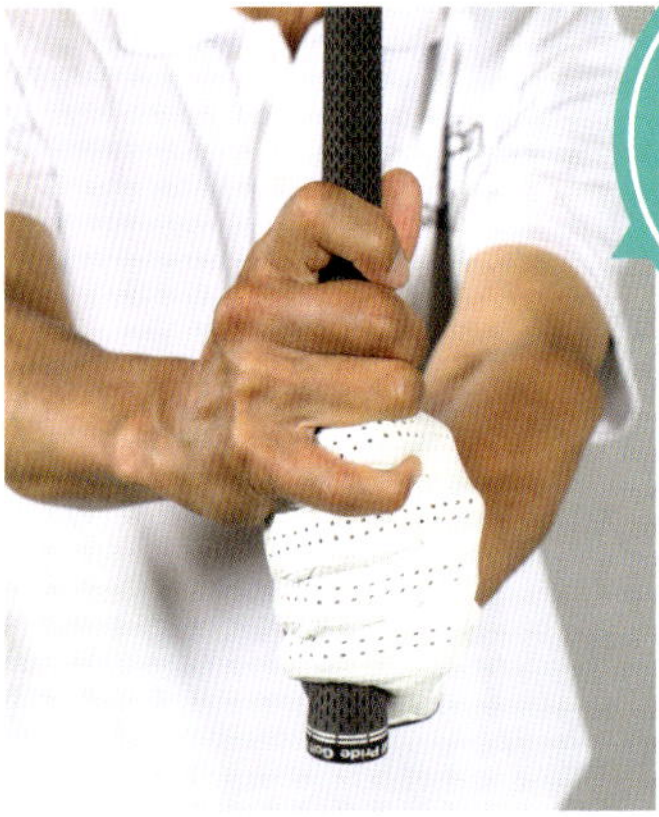

右手を使い過ぎる人に有効なオーバーラッピング

右手の力が弱くなり力みが緩和する

右手の小指を左手の人さし指と中指の間に置くことで、右手の力が弱くなるのが特徴

手首が使いにくくなるインターロッキング

両手をしっかり絡める手首の使い過ぎに有効

右手の小指と左手の人さし指を絡める握り方。これにより手首の動きが若干鈍くなる

クラブの握り方

右手は左手を包み込むように

左手の親指をシャフトの上に置いたら、右手はその左手を包み込むように握る。これでグリップ完成

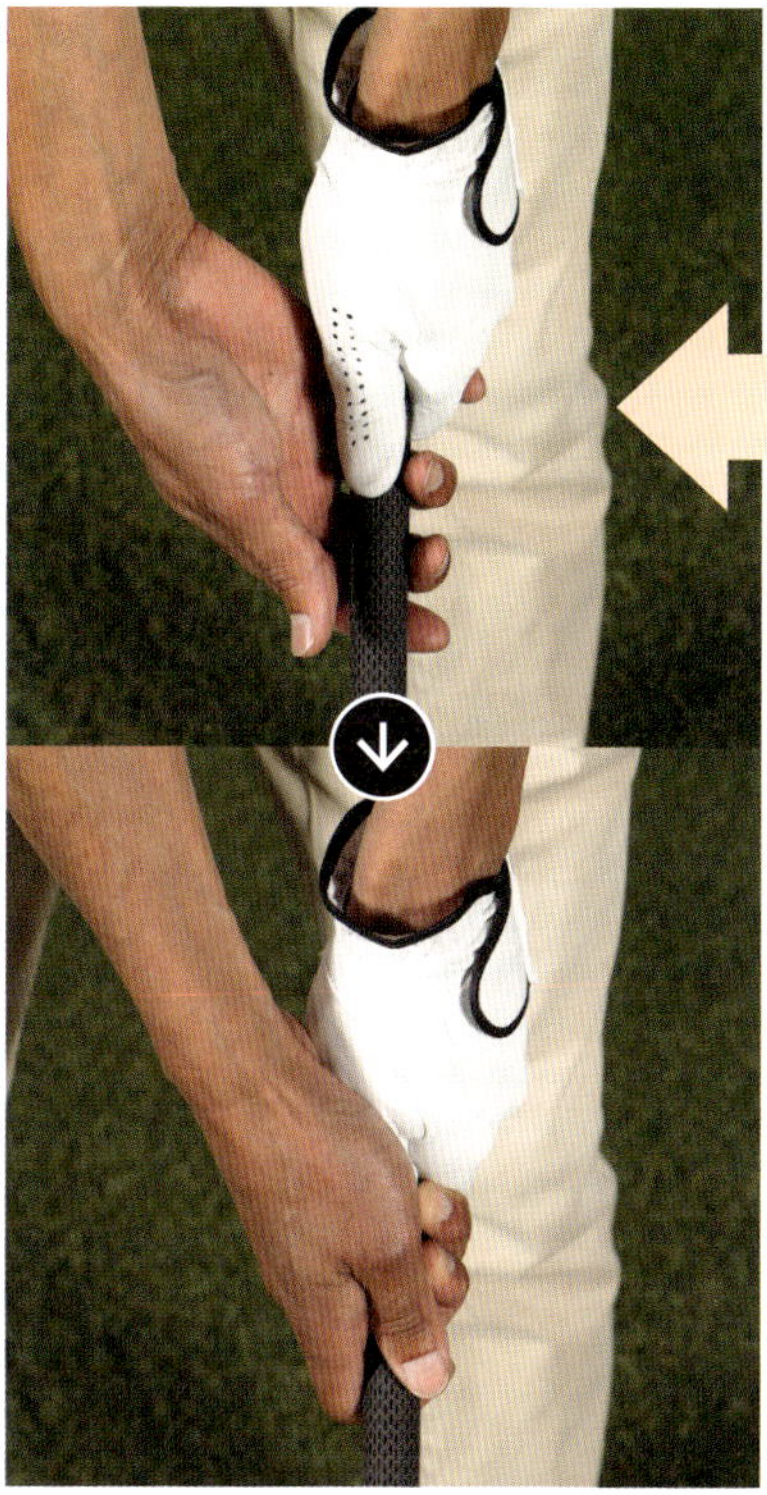

身体とクラブをつなぐグリップ。スキプロの場合は、力まないように柔らかく握るという

CHECK!

左手首に痛みを感じたら…

ゴルファーの中には、左手首付近に痛みを覚える人が多い。そういう人には、次ページで紹介する「ベースボールグリップ」がオススメ

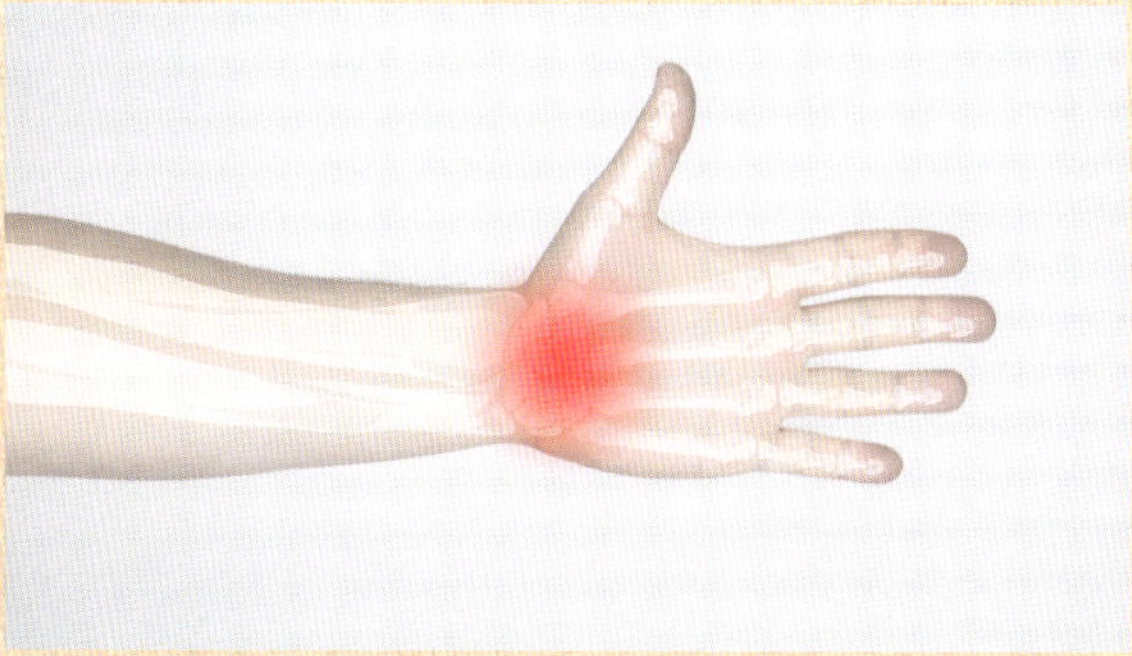

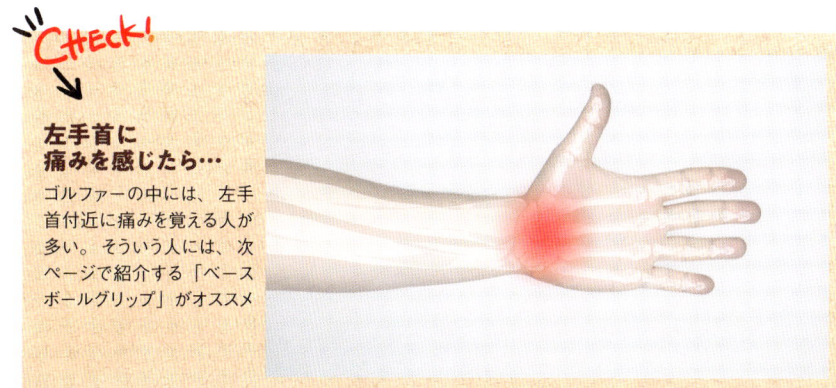

手首の負担が軽減できるベースボールグリップ

身体に優しいベースボールグリップ
手首を痛めることがなくなります

手首や指の故障を防ぐだけでなく、手首を柔らかく使えるようになるベースボールグリップ。力の衰えた人にはオススメのグリップだ

身体に優しいグリップ

ゴルフのやり過ぎや加齢とともに左手首を痛め、慢性の腱鞘炎になる人も。そんな人にオススメなのが、野球のバットを握るときと同じように10本の指で握るベースボールグリップです。

10本で握ることで、左手親指の負担が軽減されるので、手首周辺や指を痛めることが少なくなります。また、手首が柔らかく使えるので、力がなくて飛距離が出ない人にもオススメです。

指10本で握る

ベースボールグリップにも10本で握る形と9本で握る形があるが、こちらが10本で握る“正統派”ベースボールグリップ

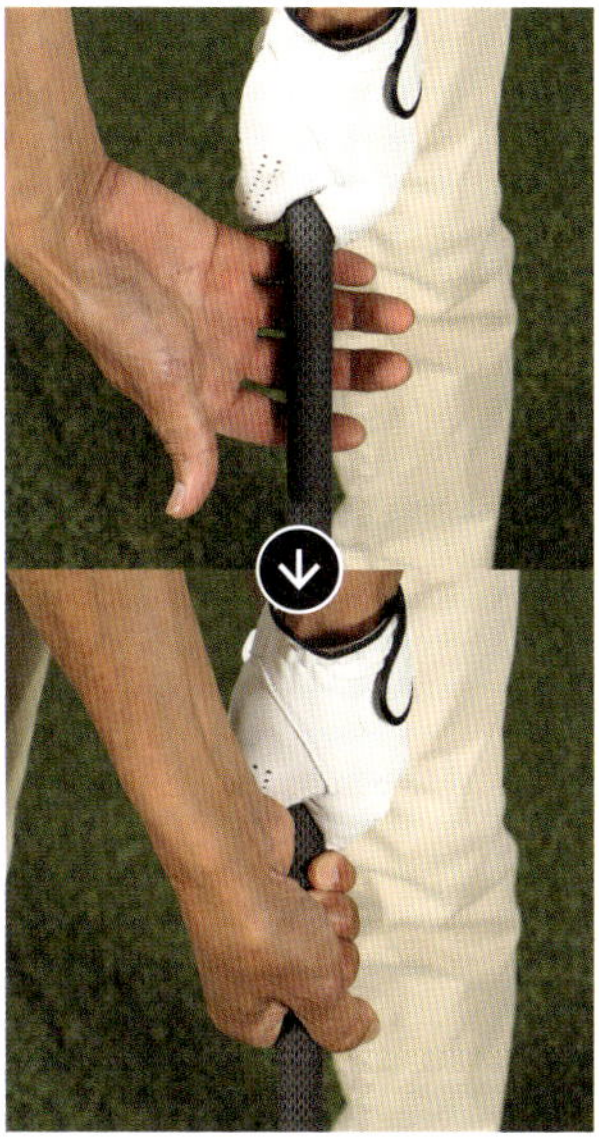

左手をグーの形で握ったら、右手の小指が左手の人指し指に接するようにして右手を握る。野球のバットの握り方

指9本で握る

いきなり10本指のベースボールグリップは無理という人は、9本指ベースボールグリップから始めよう。慣れてきたら10本指に

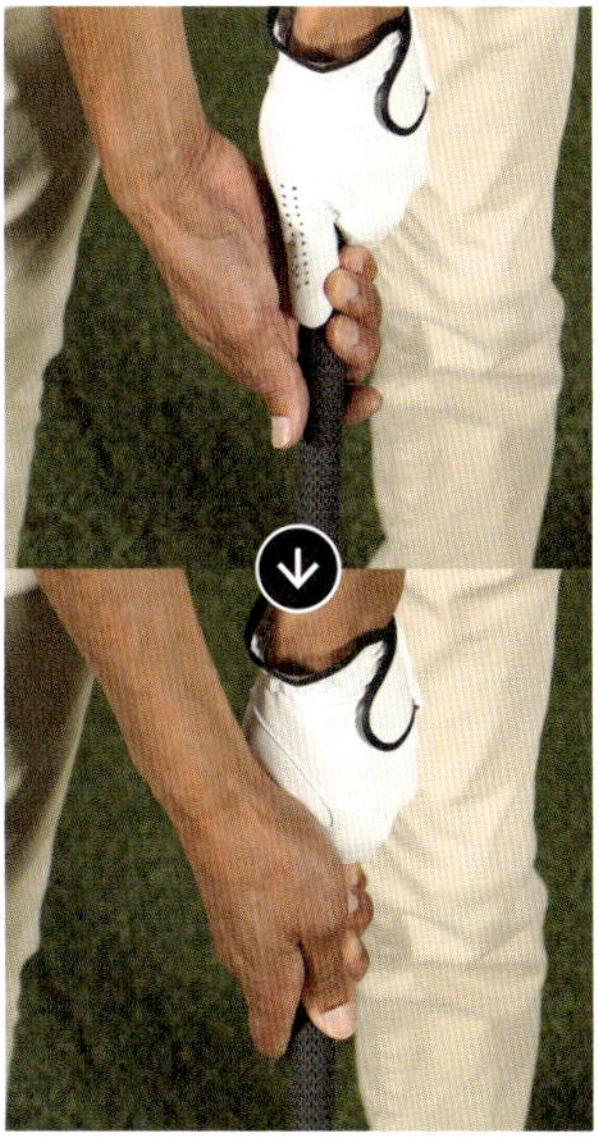

左手親指をシャフトの上に置くところまでは他のグリップと同じだが、右手の小指は乗せることも絡めることもしない

SS打法

バック
スイング

身体全体でクラブを引っ張り上げる

身体を回すのではなく引っ張り上げる

リラックスした
構えなら引っ張り
上げられる

クラブを引っ張り上げるためにも、アドレスでは身体の力を抜いておくことが大事

右ワキ腹を伸ばすイメージ

バックスイングでは、身体を伸ばしながらクラブを引っ張り上げましょう。まずはグリップから引っ張り、ハーフウェイバック辺りから身体全体を使って引っ張り上げる感じ。特に上半身の右サイドを伸ばす感じで上げましょう。

頭が多少浮いても構わないし、前傾姿勢を気にする必要もありません。一般的なセオリーとは異なりますが、大きく飛ばすためにはこの動きが必要です。

CHECK!

意識としては右ワキ腹を伸ばすイメージ。ここがしっかり伸びれば、クラブを勢いよく引っ張り上げられる

右サイドを伸ばしながら、思い切り引っ張り上げる。前傾角度が崩れるが、それでOK

NG

右ワキ腹が伸びないトップだと飛ばない

多くのゴルファーは、前傾キープを意識し過ぎて引っ張り上げる動きができていない。これでは身体が十分に使えず、飛距離も出なくなる

OK 上体を伸ばして振り下ろす

バックスイングで思い切り伸びれば、そのエネルギーをダウン～インパクトで爆発させることができる。出力を大きくするためには、「伸びて→縮む」が正解

餅つき同様
伸ばして
振り下ろそう

SS打法
バック
スイング

クラブを上げながら上体を沈ませても力が入らない

NG 沈み込むとダウンで起き上がる動きに

上体が浮かないようにバックスイングで体を沈み込ませる人もいるが、そうするとダウンで力が入らない。また、インパクトで伸び上がる原因にもなる

NG 見た目はOKだが飛距離は伸びない

よく見かける前傾をキープしたままのトップ。見た目はカッコいいが、実は出力は上がらず、飛距離が伸びない。また、スイングも窮屈になる

左手は最初が回外 途中から回内するのが正解

左手の動き

スタート時点で左前腕を回外させ、左腕が地面と平行になる辺りで回内させると正しいトップの位置に上がっていく

最初に後ろに引くのはNG

真っ直ぐ飛ばすには、テイクバックの始動時に、ヘッドを後ろに引っ張らないことも大事です。後ろに引っ張ると、トップでヘッドが前に出てしまい、ダウンでアウトから下ろすことになるからです。

そうならないように、左手前腕はハーフウェイバックまで左に回し（回外）、そこから右に回して（回内）途中からそこから左手甲が上を向くように回外させれば、クラブは正しい位置に上がります。

ハンドルを左に切ったあと右に切る

最初に左にハンドルを切って、ハーフウェイバック辺りから右にハンドルを切る。この動きを意識

トップでは
左手甲が
上を向く

NG

後ろに引っ張るとシャフトクロスに

テイクバックでいきなり後ろに引く人がいるが、そうするとトップでシャフトが前に倒れるしかなくなる。これがシャフトクロスの原因にもなる

OK 右股関節は動かさず右ワキ腹を伸ばす

バックスイングで右股関節をカチッと入れたら、股関節はその位置をキープ。右股関節が上がらないように意識しながら、右ワキ腹を伸ばしていくのが正しい形

SS打法 バックスイング

上半身は伸ばすが股関節は入った状態をキープ

NG 右股関節が上がるとオーバースイングに

右股関節が上がると、上半身が左に傾きオーバースイングにもなりやすい。このようなトップになると、元に戻すのが難しくなり、ミート率も落ちてしまう

右股関節が上がると元に戻りにくい

「バックスイングで身体を思い切り伸ばしましょう」といいましたが、これは上半身の話。上半身はできる限り伸ばした方がいいのですが、右腰は伸ばさないようにすることが大事です。

具体的には、右腰を伸ばさずに右ワキ腹を伸ばす動きが必要で、股関節はしっかり入った状態をキープしていなければいけません。

右腰まで伸びてしまうと、ダウンで戻すことができなくなり、スイング軌道が狂ってミスショットにつながるので注意しましょう。

SS打法

バック
スイング

力をできるだけ抜いて テンポ良く クラブを上げる

リズミカルなバックスイングを心がける

テイクバックはいつものテンポで。この時点でテンポが速くなると元に戻らない

自然体で構え、この時から力を抜いてリラックス状態にしておく

自分のテンポでバックスイング

「バックスイングではできるだけ身体を伸ばしましょう」というと、そこで力んでしまい、リズムが乱れることがあります。

上半身を伸ばすだけなので、力む必要も、またテンポを上げる必要もありません。できるだけ力を抜いてリラックス状態を作り、いつもの自分のテンポで上げていきましょう。

そうすることで、クラブも正しい位置に上がり、エネルギーもたまってダウンスイングへの移行がスムーズになります。

自分のテンポを意識しながら、クラブを上げると同時に、右ワキを伸ばしていく

テンポは速くても遅くてもOK。ただしトップまでのテンポは常に一定にしておこう

クラブを右足外に振り下ろす

ダウンに入った瞬間、クラブを左腰方向に引っ張る人が多いが、実は右下に下ろすのが正解。グリップエンドが右足外を向くように下ろそう

SS打法

ダウンスイング

ダウンスイングでは最初に手元を右腰の右に下ろす

上体を右に向けたまま振り下ろす

ダウンでは上体を右に向けたまま、手元を右サイドの低い位置に持ってくることも大事。この形ができれば、ハンドファーストに当たりやすくなる

手元を低くすれば上体も前に倒れる

ダウンの入口で意識したいのは、手元を右腰の横に持っていくこと。ほとんどのゴルファーは、手元を左腰に向かって振り下ろそうとしますが、手元は右サイドの低い位置に持っていきましょう。それによって上体が倒れ、深いタメができて当たりが厚くなります。

イメージとしては、グリップエンドを右足の外側に突き刺す感じ。身体を右に向けたままこの動きをやると、身体が勝手に回転し、ハンドファーストに当たりやすくなります。

右下に下ろしたあと左に引っ張る
手元を右下に下ろしたあと、手元を左に引っ張る。そうすれば身体の回転を意識しなくても、クラブに引っ張られて身体も自然と左に回っていく

SS打法

ダウンスイング

ダウンスイングからインパクトで手元は三角に動く

手元の動きは三角形になる

手元はまず、三角形の右下（B）の頂点を目指して動き、次に左下（C）の頂点に向かって平行移動し、最後に再び頂点（A）に戻る。この動きを常に意識する

三角形の動きを意識しながらスイング

手元を右腰横の低い位置に下ろしたあとは、クラブを左に引っ張ります。そうすれば、無理に身体を回そうとしなくてもクラブの力で身体が回っていきます。

また、いったん右に下ろして左に引っ張ることで、ヘッドを加速させるための距離が生まれ、爆発的なスピードを獲得できます。

インパクト後、クラブを引っ張り上げる動きが入るので、手元は三角形の線上を動く形に。ダウン以降は、この三角形を意識してスイングしましょう。

シャフトの角度は常に変わらない
手元を右下に引っ張っても、シャフトは常に一定の角度で動くのが理想。シャフトの角度が変わると軌道が揺れて、ヘッドスピードも減速する

SS打法
ダウンスイング

ダウンスイングではクラブを直線的に引っ張ることも大事

ヘッドの動きも常に直線的
ヘッドもボールに向かって直線的に動くイメージで、スイング中に揺れるのはNG。クラブを直線的に下に引っ張れば、ヘッドの動きも安定する

下に引っ張る意識がパワーを生む

ダウンスイングでは、「手元を右腰の右に下ろす」80ページとともに、「クラブをボールに向かって直線的に引っ張る」ことも意識しましょう。クラブの動きは、正面から見ると円運動ですが、飛球線後方から見ると直線的に動いていることを忘れないように。

ボールに向かって直線的に引っ張る意識があれば、クラブも加速し、ヘッドスピードも上がります。軌道を安定させるためにも、飛距離アップを実現させるためにも必要な動きです。

右足の蹴りを意識

右足ツマ先にしっかり体重を乗せ、右足を後ろに蹴るように。そうすればお尻が突き出る

右足ツマ先を
しっかり蹴ろう

NG

ダウンの初期で腰が前にスライドしながら、腰が落ちていくと強い蹴りが生まれなくなる

SS打法

ダウンスイング

右足を後ろに蹴りながら左お尻を後ろに引いていく

左お尻を後ろに引く

右足を蹴ると同時に左お尻を後ろに引いていく。この動きをすれば強いインパクトが生まれる

NG

右ヒザが前に出るだけで、右足がしっかり蹴れていないのもNG。これでは力が伝わらない

左お尻を後ろに引けば回転もスムーズになる

右足ツマ先に体重を乗せて蹴る

ダウンスイングについて上半身の動きを中心に説明してきましたが、下半身の動きも大事です。

出力を最大限にするためには、右足を後ろに蹴りながら、左のお尻を引いていく動きが必要です。右カカトを少し浮かして、お尻を持ち上げる感じです。

ポイントは、右足ツマ先に力を入れること。そうすれば右ヒザが前に出て、お尻が持ち上がってきます。

手元を右下に下ろして左に引っ張る動きと連動できるように練習してください。

OK 左足を伸ばすことで回転力がアップする

インパクトで左足が伸びているかどうかは大事なポイント。プロはインパクトで左足を伸ばし、左腰を後ろに引くことによって回転力を上げている

左足を伸ばせば
弾道も確実に
強くなる

SS打法

ダウン～インパクト

左足を伸ばすことで回転力を上げていく

NG 左足が伸びないとスエーの原因に

インパクトで左足が曲がったままだと、腰が回らず、スエーの原因になる。また、フォローで球をしっかり押せなくなるので、強い球が打てず飛距離も出ない

インパクトの瞬間は左ヒザが伸びている

インパクト～フォロースルーで意識してほしいのは、左足を伸ばすことです。少し曲がっていた左ヒザを真っ直ぐにし、左足を伸ばすことによって腰の回転が速くなります。また、左足を伸ばすと同時に、左腰を後ろ側に回せば、さらに回転力がアップします。

一方、左ヒザが曲がったままで左足が伸びないと、左にスエーする形になり、腰も十分に回転しません。

力強い球を打つためにも、ぜひ左足を伸ばすことを意識してください。

手元とヘッドが同じ高さにある状態

引っ張っても
ヘッドは
微動だにしない

クラブを水平に持って左側に引っ張っても、ヘッドは全く回転しない。同じ状態で横に移動するだけ

SS打法

ダウン〜フォロー

効率的に力を発生させるパッシブトルクの仕組み

クラブが寝た状態

クラブが寝た状態にあるとき、クラブを引っ張るとクラブが立ってヘッドが回転する

クラブが立った状態

クラブが立った状態のときは、クラブを引っ張るとクラブが寝てヘッドが下に落ちる

クラブを寝かせれば ヘッドは回転する

ゴルフのレッスンでは、〝パッシブトルク〟という言葉が時々使われます。これは、「オートマチックな回転」のこと。例えば右ページの写真のように、クラブを水平に持って横に引っ張るとヘッドは回転しません。ところが、ヘッドが下に落ちた状態だと、クラブを横に引っ張ればヘッドは起き上がって回転します。

この回転する力を利用するために、「ダウンの初期でクラブを寝かせましょう」というのが、今どきのスイング理論なのです。

OK

シャローなダウンが
パッシブトルクを生む

ダウンの入口でクラブを寝かせ、ヘッドが落ちた状態を作ることによってパッシブトルクが発生する。多くのプロがシャローイングを意識しているのもそのため

フェースは
勝手に閉じる

SS打法

ダウン～フォロー

ダウンの初期で
クラブを寝かせれば
パッシブトルクが発生する

NG クラブが立つとヘッドは落ちて開く

ダウンの入口でヘッドが立った状態だと、引っ張ることによってヘッドは落ち、しかも開く方向に動くので、インパクトで急激にヘッドを返す動きが必要になる

飛距離アップにつながるパッシブトルク

前ページで説明したように、ダウンの入口でクラブを寝かせるとパッシブトルクが発生します。ダウンで「シャローに入れろ」といわれるのもそのためで、プロの多くはこの自然な回転を利用して、厚いインパクトを実現しています。

一方、ダウンの入口でヘッドが立った状態だと、クラブを引っ張ることによってヘッドが落ちて開きます。その結果、急激にヘッドを返すという動きが必要になり、ミスが生まれやすくなるのです。

SS打法
ダウン～フォロー

グリップエンドを左ワキ腹の上に向かって引っ張り続ける

引くのではなく
引っ張り上げる
ことが大事

グリップエンドを左ワキ腹上部に向けて引っ張り続けよう。この動きがきれいなフィニッシュにつながる

引っ張り上げる意識が必要

インパクトからフォロースルーにかけては、クラブを引っ張り上げる動きが必要です。意識としては、グリップエンドを左ワキ腹の上側辺りに向けて引っ張り続ける感じです。

このようなレッスンをすると、「ヘッドはいつ返すの？」という人がいますが、引っ張り続けることによって自然とリリースされ、ヘッドは返ります。とにかく、引っ張り続けてください。

グリップエンドの向きを意識

ダウンの早い段階から引っ張り上げる意識を持っておくことが大事。その意識がないと、コックが早めに解けてしまう

CHECK!

引っ張り続けても自然にリリースされる

引っ張り続けるとリリースのタイミングがなくなると思っている人も多いようだが、写真右のあと、自然にリリースされるのでご安心を

SS打法

フォロー&フィニッシュ

シャフトが立ち上がり手元は顔の左横に来る

フィニッシュの正しい形も覚えておこう

正しいフィニッシュ。胸が目標方向を向き、シャフトが立って手元が顔の左側に来る。この形を目指してスイングしよう

フィニッシュは答え合わせ

フォロースルーで引っ張り続けることでヘッドが返り、シャフトが立ち上がります。言い換えれば、ヘッドがターンしているか、また、シャフトが立った状態になっているかは、引っ張り続けることができたかどうかにかかっています。

フィニッシュでシャフトが立って、手元が顔の左横に来ていれば、正しいスイングができている証拠。最後にこの形が作れるようスイングしてください。

引っ張り続けることでシャフトが立つ

インパクトからフォロースルーでクラブを上に引っ張り続ければ、自然とヘッドが返り、クラブが立った状態になる

NG

横に引っ張るとクラブは立たない

上に引っ張り上げる意識がないとクラブが立って来ない。インパクトで開いているフェースを急激に返したときも、このフィニッシュになる

Column 2

パッティングが苦手な人のために

上達の秘訣は“プロサイド”に外し続けること

パッティングが苦手で、「どうしたら上手くなるのか分からない」と悩んでいる人も多いのではないでしょうか。そういう人のために上達の秘訣を教えましょう。

まず、カップを狙って打ったボールの通り道に、プロサイド（プロライン）とアマチュアサイド（アマライン）という2つがあるのをご存じでしょうか？

ご存じの方も多いと思いますが、一応、知らない人のために説明しておきましょう。

例えば、フックラインを狙って打って入らなかったとき、カップの左を通り過ぎた場合は「アマチュアサイドに外れた」といい、カップの右側を通り抜けていった場合は「プロサイドに外れた」といいます。

なぜ、プロとアマという呼び方をするかというと、カップの右を抜けていったボールは曲がり方によっては入る可能性がありますが、カップの左を抜けていったボールが入る確率はゼロだからです。

さらに付け加えれば、フックラインの場合、カップの右側を抜けたボールはカップの左側を抜けたボールよりも必ずカップの近くに止まります。左側を通るとドンドン離れていってしまうのです。

ではこのことを知っていた人にうかがいます。アナタはこれをコースで実践されていますか？

私が知る限り、実践されていない人がほとんどです。皆さんラインを浅く読み過ぎて、アマチュアサイドに外してしまうのです。

もちろんカップに入れるのが一番ですが、もし外すとしても、必ずプロサイドに外すように。これをやり続ければ、カップインの確率は確実に上がるはずです。

PART 3

飛距離低下と精度不足を解消する！
アイアン＆FW

QUESTION ?

ゴルフの悩み④

アイアン

60代男性
どの番手を選んでも
大して飛距離が
変わらないんです！？
30代女性
アイアンが苦手です。
上手く打つコツを
教えてください！

「全く打てる気がしない」。アイアン嫌いには
そういう人もいるのでは？しかしコツさえ覚えれ
ば、何の不安もなく打てるようになるものだ

50代
男性
9番アイアンで
100ヤードも
飛ばなくなって
しまった！

40代
男性
アイアンで
数値通りに飛距離が
出ません！

あなたもアイアン上手になれる

「ドライバーは何とか当たるけど、アイアンが全く打てない」。私のところにもそんな悩みを抱えたゴルファーがたくさん来ます。そういう人の気持ち、よく分ります。というのも私自身、アイアンが大の苦手だったからです。「アイアンがこの世になければいいのに」と思ったことも。しかし、十年の歳月をかけて、苦手を克服しました。

ここでは、アイアンが当たらない＆飛ばない原因と、その修正法をご紹介したいと思います。私は、十年かかりましたが、これを読んだ皆さんは、もっと早くアイアン上手になれると思いますよ。

HINT

解決のヒント

アイアンにマッチしたクラブの使い方を覚える

アイアンのミート率が上がる3要素

1. クラブの仕組みを知る
2. フェースの動きを知る
3. シャフトプレーンに沿って振る

アイアンのスイングを覚える

皆さんは練習場に行ったら、主にどのクラブで練習をしますか？ 多くのゴルファーは、ドライバーを打っている時間が最も長いのではないでしょうか。実はそのことが、〝アイアンの苦手〟につながっているケースも多いようです。

「クラブは変わっても、スイングは一つ」という人もいますが、ウッドとアイアンでは、長さも違うし、構造も異なります。そういうことを考えると、基本的には同じなのかもしれませんが、全く同じというわけにはいきません。

次ページからは、ドライバーとの比較も交えながら、どう打てばアイアンのミート率が上がるかをお教えしたいと思います。

アイアンはアイアンの打ち方をしなければいけないのだが、そのことを理解している人は意外と少ない。まずはアイアンの打ち方を覚えよう

ドライバーとアイアンでは長さが違う
長さが違うから構えもスイングも変わってくる

ドライバーとアイアンとでは、5番アイアンで20cm弱の差がある。これが構え、軌道の差につながる

METHOD

解決方法 01

長さが違うドライバーとアイアンはアドレスもトップも変わってくる

スイング軌道も異なる

当たり前のことですが、ドライバーとアイアンの最も大きな違いは、長さです。長さが違うということは、構えたときの姿勢が変わってくるし、スイングの軌道も同じではありません。

構えでいえば、ドライバーよりアイアンの方が前傾角度が深くなります。また、スイング軌道も、アイアンの方がアップライトになります。まずはその違いを頭に入れておきましょう。

ドライバーは前傾が浅い構えに

アイアンは前傾が深くなる

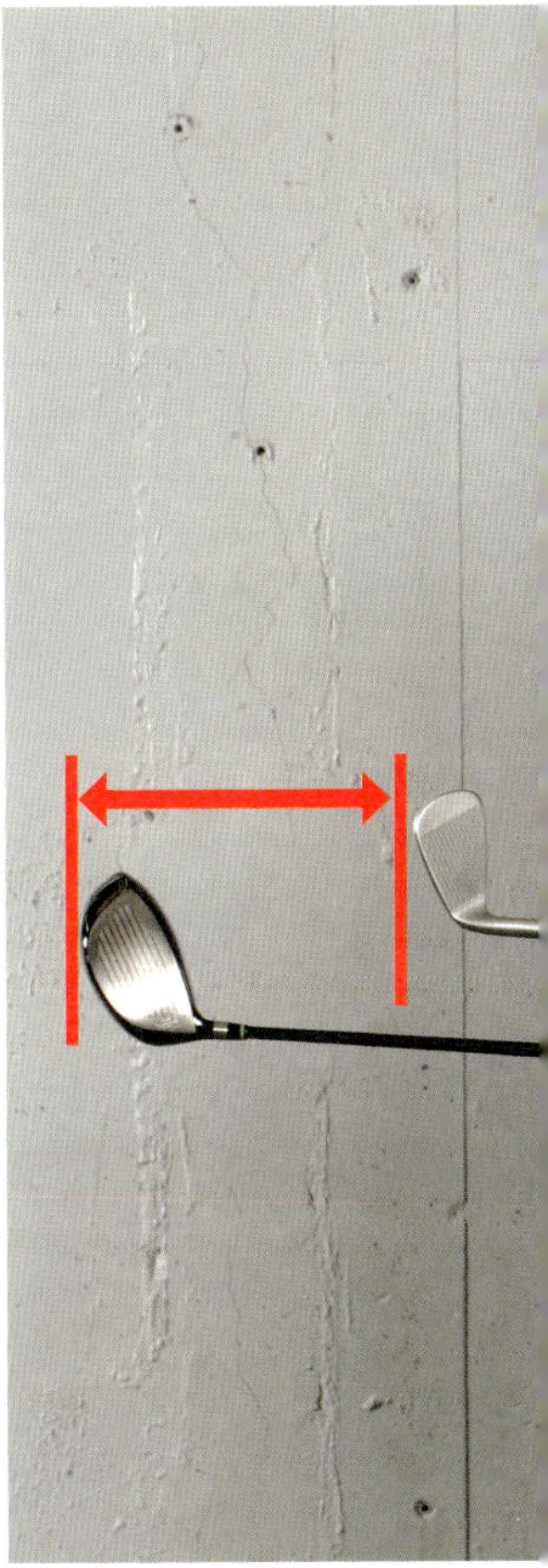

CHECK!

軌道の違いも理解しておこう

ドライバーは構えたときに身体が起き上がる分、スイング軌道もフラットに。一方、アイアンは前傾が深いので、軌道もアップライトになる

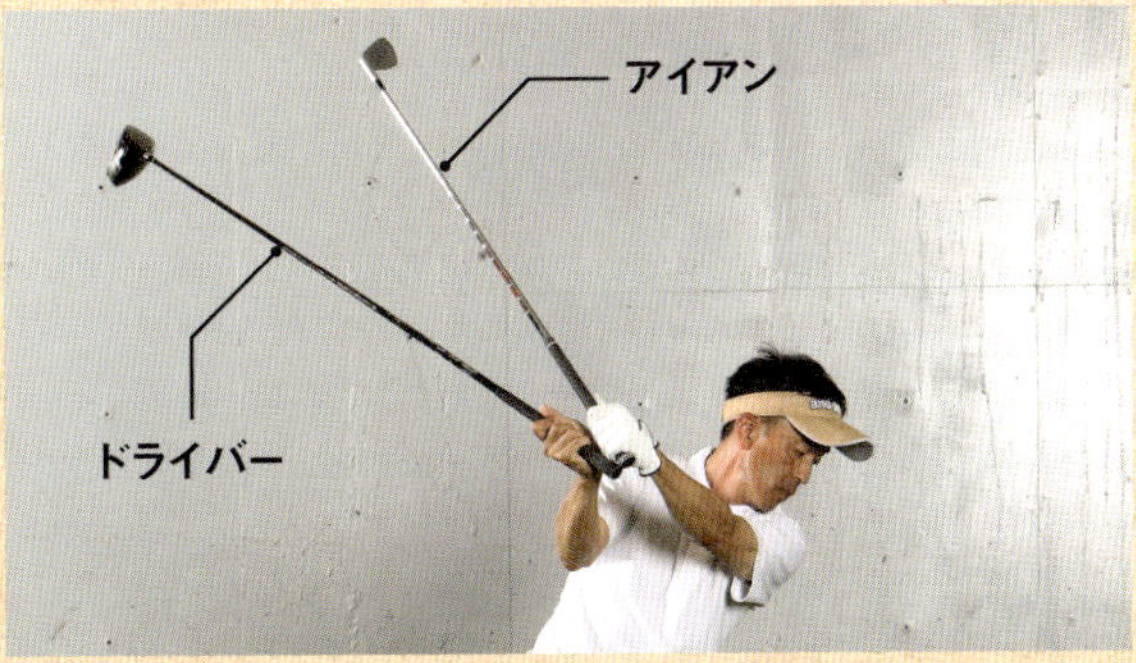
アイアン
ドライバー

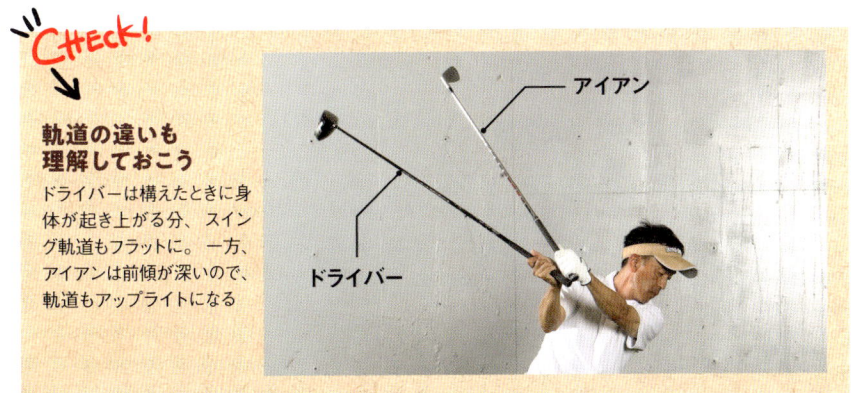

METHOD

解決方法 02

ハンドファーストインパクトでダフリを防ぐ

OK ヘッドを上から入れてハンドファーストに

肩のラインを水平にキープしながらヘッドを上から下ろせば、ハンドファースの形になる

NG 右肩が下がるとダフりやすい

ボールを上げようとして右肩が下がると、ヘッドが早く地面に落ちてダフりやすくなる

ハンドファーストの形を覚える

手先ではなく、下半身の力で押し込む。そうすれば理想的なハンドファーストの形になる

左に体重をかけ
下半身を
回転させよう

NG

手先で押そうとすると、コックが早く解けてしまい、ハンドファーストの形にもならない

練習場のマットの縁にヘッドをあてがって、この状態から下半身に力を入れて腰を回す

ダウンブローの軌道でスイングする

アイアンは、上からヘッドを入れる〝ダウンブロー〟の軌道でスイングし、インパクトでは、手元がヘッドより前に出た〝ハンドファースト〟の形になるのがポイント。この形を作るために、ダウンで左足に体重をかけることと、コックを解かないことが大事です。

ハンドファーストがイメージできない人は、マットを使ったドリルを。ヘッドをマットの縁に当て、下半身で押し込む動きをすれば、正しい形が覚えられるし、イメージもつかめます。

インパクトまで
右ヒジの角度を
変えないように
ヒンジの角度をキープし、下半身の回転で振れば、ハンドファーストの形で打てる

METHOD
解決方法
03

ヒンジ&ホールド練習で ハンドファーストと 胸の向きをマスターする

インパクトゾーンの正しい動きを覚える

ハーフウェイバックで右手首を甲側に折り（ヒンジを入れる）、そのままダウンスイング

アプローチショットでも使えるドリル

アイアンショットで大事なハンドファーストと、胸を開かずに腰の回転で打つこと（カバーリング・ザ・ボール）をマスターするためのドリル、「ヒンジ&ホールド練習」を紹介します。

スイング幅は、9～3時。ハーフウェイバックで右手にヒンジ（右手を甲側に折る形）を入れ、その角度をキープしたままボールを打ちます。これをやることで、インパクトゾーンでの正しい動きが覚えられます。

この打ち方は、そのままアプローチでも使えますよ。

トップ
軌道が狂っていなければここでも重なる
トップとハーフウェイダウンでは、多少ずれても構わない。ほぼ重なっていればOK
ハーフウェイダウン

METHOD

解決方法 04

スイング中手元とヘッドは3回重なる

スイングの3つのチェックポイント

後方から見て、手元とヘッドができるだけ近づくのが理想だ

3つのポイントでヘッドの動きを確認

スイング中、クラブが正しい動きをしているかどうかは、分かりにくいもの。そこで、簡単だけど有効な確認方法を紹介しましょう。

ポイントは3つあり、この3箇所で飛球線後方から見て手元とヘッドが重なるかどうかを確認しましょう。

1つ目はハーフウェイバック、2つ目はトップ、3つ目はハーフウェイダウン。トップでの多少のレイドオフ、ハーフウェイダウンでの小さなズレはOKです。後方から動画を撮って確認してみてください。

METHOD

解決方法
05

シャフトプレーンに沿って上げ シャフトプレーンに沿って下ろす

シャフトプレーンを意識

「シャフトプレーン」というのは、シャフトの傾きを基準にした平面（後方から見たときは1本のライン）で、これに沿ってクラブを腰まで上げ、ダウンスイングで再びこのプレーンに沿って振り下ろせば、ボールが大きく曲がることはありません。

このプレーンを無視して、外側（アウトサイド）に上げたり、内側（インサイド）に上げてしまうと、この時点で安定した方向性は望めなくなります。

ハーフスイングでプレーン通りに振れているかどうか確認しましょう。

OK

プレーンに沿ってクラブを上げる

腰まではプレーンに沿って上げ、ダウンでも腰からはプレーンに沿って下ろす

NG

外側に上げるとアウトサイドインに

テイクバックで外側に上げると、ダウン～フォローでアウトサイドインになりやすい

NG

インサイドに上げるとインサイドアウトに

テイクバックで内側に上げると、ダウン～フォローでインサイドアウトになりやすい

QUESTION ?

ゴルフの悩み⑤

フェアウェイウッド

40代男性

グリーンに乗せようと力んでしまってダフリやトップが出ます！？

30代男性

フェアウェイウッド、特に3Wはぜんぜん当たりません！

ゴルファーの中には、FWを見ただけでダフるイメージが頭をよぎる人がいるとか。まずはどういうミスが出やすいのかを整理してみよう

20代
男性
苦手意識があり
ミート率が悪く
クリーンに
打てません
60代
男性
ぜんぜんボールが
上がりません！
30代
女性
クラブが長いので
上手く打てる気が
しません！

FWも練習すれば上手くなる

フェアウェイウッド（FW）が打てない。そういう悩みもよく聞きます。ドライバーショットが、毎回ナイスショットになるとは限らないアベレージゴルファーにとって、また、ドライバーで多くの飛距離を稼ぐことができないシニアゴルファーにとって、FWは大事なクラブ。きちんと打てないと、なかなかスコアは伸びません。

FWもコツさえつかめば、誰でも打てるようになります。苦手な人には〝食わず嫌い〟の人も多いようなので、嫌がらずに練習をしてみてください。当たればスコアメイクが楽になりますよ。

HINT

解決のヒント

FWの最も大事なポイントはフラットに振ること

FWのミート率が上がる3要素

1. フラットに振る
2. 左手の掌屈を意識する
3. ヘッドの最下点で打つ

タテに振るからダフる

私自身、FWは得意で、あまり苦労したことはありません。だから苦手な人のスイングを見ると、「もう少しこう振ればいいのに」と思っていました。上手く打つ一番のポイントは、フラットに振ることです。アイアンのようにアップライトに振ってしまうと、ダフる確率が高くなり、それを嫌がって逆にトップになるというのが打てない原因の一つです。

また、FWの場合は、緩やかな軌道で、軌道の最下点で打つことも重要なポイントになります。

細かい部分は次ページ以降で説明しますが、まずは苦手意識を払拭して、「必ず打てるようになる」と思って練習してください。

FWの場合、“ダフらないスイング”を身に付ければ、トップも出なくなる。そのためには、緩やかな軌道で振ることが大事だ

トップで左手の掌屈を意識

クラブが長いので構え自体がフラットに。ここからシャフトプレーンに沿って上げていく

METHOD

解決方法 01

フラットに上げてトップでクラブを立てない

トップでクラブを寝かせる

フラットに上げるときに注意したいのは、トップでクラブを立てないこと。トップで立つと、立った状態でクラブが下りるので、ダフる確率が高くなるからです。

そのために、ハーフウェイバックあたりから左手の甲を上に向けてクラブを上げ、トップでは左手首が掌屈するようにしましょう。そうすれば、ダウンでもフラットの軌道で下りて来て、緩やかな軌道でボールを捉えられます。

トップでは
クラブを
寝かせよう

左手が背屈（甲側に折れる）しないように意識しながら、トップまでクラブを上げる

OK

左手首を掌屈させて、クラブを寝かせるようにする

NG

左手首が背屈だとクラブが立つ。これがダフリの原因

NG

様々なミスが出るシャフトクロス

トップでシャフトクロスになるのは厳禁。こうなるとクラブが下から入り、ダフリ、振り遅れ、スライス、引っかけなど様々なミスが生まれる

ダウンの反復を行ったあと、ボールを打つ。クラブはシャフトプレーンに沿って上げる

緩やかな軌道になっているかをチェック
ボールを打つ

METHOD
解決方法 02

「下ろす→上げる」ドリルでダウンの軌道を確認

ダウンの反復で軌道をチェック

トップ→ハーフウェイダウンを繰り返す。ダウンではグリップエンドをボールにぶつけるイメージで

トップ
トップ
ハーフウェイ
ダウン
ハーフウェイ
ダウンから
トップの動きを
繰り返してチェック

ダウンもフラットな軌道で下ろす

ＦＷは緩やかな軌道でクラブを下ろしてくることが大事です。それ実現するためのドリルを紹介します。

バックスイングでトップの形を作ったら、グリップエンドがボールに向かうように引っ張り下ろします。そして、ハーフウェイダウンのところで止めて、再びトップまで上げます。この動作を数回繰り返してからボールを打ってください。

正しい動きになっているかどうかは、飛球線後方から撮影するか、鏡を置いてチェックしましょう。

METHOD

解決方法
03

芝の上を滑らせるようにして最下点で打つ

飛行機の離陸をイメージしよう

インパクト〜フォローでも滑らせ、その後飛行機の離陸のように緩やかに上昇させる

飛行機の離陸をイメージ

いかに最下点で打つかも、FWのミスを防ぐポイントです。そのために大事になってくるのが、ソールを芝の上で滑らせること。滑らせればインパクトゾーンが長くなり、その分、最下点で打ちやすくなるからです。

FWの場合はソールが広く、芝の上を滑りやすいので、緩やかな軌道にするだけでソールが滑ります。インパクト後も飛行機の離陸同様、緩やかに上昇させましょう。

ボールの手前からヘッドを滑らせる

ヘッドを滑らせるイメージでヘッドを入れていく。そうすれば最下点で捉えやすくなる

ヘッドを立てたまま下ろすとダフりやすい

クラブが立って入ってくると、ヘッドが手前に落ちてダフリに。それを嫌がると頭を叩いてトップに。とにかく緩やかに下ろすことが大事だ

METHOD

解決方法 04

軸をキープすればダフリ、トップは減る

頭を残して身体の回転でスイング

インパクト直後も頭を残す。このあとは、身体の起き上がりとともに頭を起こしてOK

頭の動き過ぎに注意

全てのクラブにいえることですが、軸がブレないようにすることも芯で当てるためには重要です。軸がブレることによって軌道も最下点も狂ってくるからです。

軸がブレないようにするためにポイントになってくるのは、頭の位置です。頭が右や左に傾くと、確実に軸がブレます。

できるだけ頭の位置を動かさないようにして、しっかりボールをヒットしましょう。

頭を動かさないで軸をキープ

ダウン〜インパクトでも、できるだけ頭の位置を動かさないようにすると、軸が安定する

NG

頭が動くとミート率は大幅に低下する

ダウンで頭が右に傾いたり、頭が左方向にスライドすると、最下点で打てなくなる。軸のキープは全てのショットで大事になってくる

EPILOGUE

「体力は衰えたけど飛距離は諦めたくない」「シニアになってもスコアを維持したい」。そんなゴルファーのために、私が得た知識を紹介するとともに、今できるアドバイスをさせていただいたわけですが、いかがでしたでしょうか？

お気づきの方も多いと思いますが、この本の中で、私は突拍子もないことをいっているわけではありません。というのも、私がやろうとしている、また皆さんにも実践して欲しいと思っているのは、スピードや強度の違いはあれ、世界で活躍するツアープロたちのスイングだからです。

彼らがやっているスイングが、小さくて運動音痴で病弱という三拍子揃った（?）私にもできないかということで、スイングを研究を続けてきました。

まだまだこれからも研究は続きますが、この本には、現段階での全てを注ぎ込んだつもりです。

皆さんの上達の一助となれば幸いです。

SS打法！ポイント動画

PART2で紹介したSS打法のポイント動画です。実際の動作を見て、各ポイントをチェックしてください。本書で紹介していないコツも、特典映像として収録しています！

著者

杉村良一（すぎむら　りょういち）

1967年3月生まれ。福岡県出身。中学生でゴルフを始め、高校卒業後、研修生になってプロを目指すも5年で断念。37歳のときに再びプロゴルファーを目指した。43歳のときに日本プロゴルフ協会ティーチングプロの資格を取得。現在、アマチュアへのレッスンの傍ら、YouTube「スギプロチャンネル」でレッスンを展開。チャンネル登録者数が15万人を超えるなど人気を呼んでいる。「ゴルフスイング物理学」第一号トレーナー。

「PowerRotationalGolf 欧米最新ゴルフ」受講研修修得者

STAFF

編集	城所大輔（多聞堂）	イラスト	庄司 猛
執筆	真鍋雅彦	撮影	天野憲仁（日本文芸社）
デザイン	三國創市（多聞堂）	撮影協力	太平洋クラブ　八千代コース

筋力《きんりょく》&《アンド》体力《たいりょく》が低下《ていか》しても250ヤード以上《いじょう》飛《と》ばせる飛距離《ひきょり》UP《アップ》術《じゅつ》

2024年9月1日　第1刷発行
2025年6月1日　第3刷発行

著　者　杉村《すぎむら》　良一《りょういち》
発行者　竹村響
印刷所　株式会社光邦
製本所　株式会社光邦
発行所　株式会社日本文芸社
〒100-0003　東京都千代田区一ツ橋1-1-1　パレスサイドビル8F

Printed in Japan　112240820-112250519Ⓝ03　(210128)
ISBN978-4-537-22235-7

（編集担当：菊原）